PRÉCIS HISTORIQUE

SUR

L'ARME DE L'ARTILLERIE

PAR

Louis-Napoléon BONAPARTE.

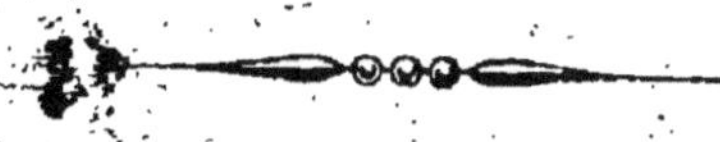

PARIS,

PAGNERRE, LIBRAIRE, RUE DE SEINE-ST-GERMAIN, 14.

V. LECOU, LIBRAIRE, RUE DU BOULOI, 10.

LYON,

CHAMBET, LIBRAIRE.

GENÈVE,

CH. GRUAZ, ÉDITEUR.

1849.

PRÉCIS HISTORIQUE

SUR

L'ARME DE L'ARTILLERIE.

Lyon, Imp. de Mougin-Rusand,

PRÉCIS HISTORIQUE

SUR

L'ARME DE L'ARTILLERIE

PAR

Louis-Napoléon BONAPARTE.

PARIS,

PAGNERRE, LIBRAIRE, RUE DE SEINE-ST-GERMAIN, 14.
V. LECOU, LIBRAIRE, RUE DU BOULOI, 10.

LYON, | GENÈVE,

CHAMBET, LIBRAIRE. | CH. GRUAZ, IMPRIMEUR.

1849.

DÉDICACE.

Je dédie cet ouvrage aux Officiers des diverses écoles d'application de France; je le dédie aussi aux Officiers Suisses de l'école d'application de Thoun, comme souvenir du temps que nous avons passé ensemble pendant mon exil.

L'artillerie est l'âme d'une armée, et l'armée c'est le garant de l'indépendance de la patrie, le soutien de son honneur, la garde du feu sacré. Dans l'état incomplet de la société actuelle, puisque c'est encore la force des armes qui décide du sort des nations, il faut être soldat avant d'être citoyen ; et plus est grand le trésor de liberté amassé par un peuple, plus il doit surveiller avec persévérance l'emploi des forces qui en assurent la possession.

Puisse mon ouvrage être apprécié de ceux auxquels je le destine ! puissent les hommes de l'art le regarder avec bienveillance ! puisse-t-il enfin prouver à quelques vieux compagnons d'armes de l'Empereur, que les neveux du capitaine d'artillerie de Toulon n'ont pas dégénéré !

LOUIS-NAPOLÉON BONAPARTE,

Fils de Louis-Napoléon, ex-roi de Hollande.

PRÉCIS HISTORIQUE.

SUR L'ARME DE L'ARTILLERIE.

PREMIÈRE PÉRIODE.

Depuis l'invention de la poudre jusqu'à Charles VIII,

Quoiqu'avant l'invention de la poudre on donnât le nom de corps d'artillerie à des hommes chargés de construire et de diriger les machines de guerre (1), nous ne considérerons cette arme que comme devant sa

(1) Les anciens employaient dans les siéges des machines très-puissantes, faites à l'imitation de l'arc et de la fronde, et dont nous donnerons d'abord une idée.

1.

création à l'invention de la poudre; nous ne parlerons pas du feu grégeois, objet de tant de recherches, et que plusieurs auteurs croient être la poudre d'aujourd'hui. — Il

La principale pièce de la machine appelée *baliste* était un écheveau de corde en cheveux, en crins ou en nerf d'animaux; cet écheveau fixé horizontalement par ses extrémités à deux points de la machine, se tordait fortement à l'aide d'un levier ou bras qui s'y engageait dans le milieu par un bout, et qui, abandonné ensuite à lui-même, frappait avec violence par l'autre bout un dard disposé convenablement.

En creusant ce second bout en forme de cuiller, on rendait la machine propre à lancer des masses de pierres ou de métal.

Le polybole était une machine composée des deux précédentes, et qui produisait à la fois les effets de l'une et de l'autre.

La catapulte avait deux bras horizontaux qui s'engageaient dans deux écheveaux disposés verticalement; ces bras, en se débandant dans des sens opposés, tendaient une corde qui lançait au loin une masse très-lourde.

Pour battre en brèche les murailles des villes assiégées, on se servait du *bélier*, qui n'était autre chose qu'une longue poutre, armée par un bout d'une tête de bélier en métal; cette poutre, suspendue horizontalement à une certaine hauteur, était mise en mouvement par des câbles ou des chaînes tirées à bras d'hommes.

est vraisemblable que l'invention de la poudre vient de l'Orient; d'après un passage de Quinte-Curce, il paraîtrait que les Indiens tirèrent contre Alexandre des projectiles dans des armes à feu. Les Chinois connaissaient la poudre 80 ans avant Jésus-Christ; mais il paraît aussi qu'ils ignoraient le parti qu'on pouvait en tirer pour lancer des projectiles. 215 ans après Jésus-Christ, Julius-Africanus fit la description de la composition de la poudre, et au 6° siècle Théodose décrivit les feux d'artifice. Ce qui tendrait à prouver que le salpêtre et la poudre sont venus aux Perses et aux Arabes de l'Orient, c'est qu'encore aujourd'hui les Perses appellent le salpêtre sel chinois, et que les Arabes le désignent sous le nom de neige chinoise (1).

Ces engins et quelques autres semblables constituaient, avec les tours bélières et les tours d'attaque, le système de l'artillerie ancienne. Pour en avoir une plus ample description, on peut consulter le *Dictionnaire d'art militaire* de l'Encyclopédie.

(1) La plupart des renseignements de cette première période sont tirés de *Geschichte der Feuerwaffen-Technik*, von D' Moritz MEYER, königl. preuss. Hauptmann.

Ce qui paraît certain , c'est qu'on se servit longtemps du mélange des parties constitutives de la poudre pour les réjouissances , sans connaître leur force de projection. En 846, Marcus-Graccus enseignait la manière de lancer des fusées , et dans le 12ᵉ siècle le feu grégeois revint sur la scène. En 1191 on s'en sert devant Saint-Jean-d'Acre ; en 1193 devant Dieppe, contre les vaisseaux anglais; en 1230, Philippe-Auguste brûle , avec cette matière inflammable, les pallissades de l'île des Andelis; on voit donc qu'il est difficile d'assigner une époque précise à l'invention de la poudre , et que Berthold Schwarz ne peut guère en être nommé l'inventeur, puisque Roger Bacon, en 1220, et Albertus-Magnus, en 1280, avaient déjà fait connaître les propriétés du mélange du salpêtre, du soufre et du charbon. L'époque où les données commencent à être plus certaines est le commencement du 14ᵉ siècle. En 1308, Gibraltar fut assiégé par les Espagnols avec des bouches à feu; et Brescia, en 1311; en 1338, il y avait des canons à Puy-Guillaume, château fort d'Auvergne ; en 1339, le duc Jean de Normandie se servit de canons pour le siége de Train-l'Evêque ; il y en avait en Italie et en Allemagne à la même époque.

LES PREMIÈRES BOUCHES A FEU.

Les premières armes à feu, qui s'appelaient bombardes et canons, ont été fabriquées en fer. Ces armes très-courtes et d'un grand calibre ne furent, d'abord, qu'un assemblage de barres de fer, disposées en cylindre et reliées par des cercles du même métal. Elles lançaient des carreaux de fer ou des pierres, et se tiraient sous de grands angles. On parvint ensuite à les forger d'une seule pièce, et parmi les plus remarquables de cette époque, les unes avaient extérieurement et intérieurement la forme d'un cône tronqué, le petit diamètre répondant à la culasse qui se terminait par une vis conique; les autres avaient la forme d'un cylindre uni ou renforcé sur une grande partie de la longueur vers la bouche.

D'après Giovani Villani, les Anglais, à la

bataille de Crécy en 1346, avaient de petits canons tirant de petites balles en fer. A la fin du 14ᵉ siècle, les bouches à feu étaient déjà d'un usage général. En 1378, les Anglais battirent en brèche Saint-Malo et Thouars. Les Vénitiens tirèrent des fusées sur Chiozza pour l'incendier. Froissard dit qu'à la bataille de Rosabèque, gagnée par les Français sur les Flamands, en 1382, on avait déjà des armes à feu portatives. En 1385, le roi de France, Charles VI, reçut dans son camp, devant Dam en Flandre, des boulets de pierre. Dans son expédition contre la Suisse, Léopold d'Autriche traînait à sa suite des bouches à feu. Les Français avaient, à cette époque, une petite brigantine armée de canons.

SECONDE PÉRIODE.

Depuis Charles VIII jusqu'à Gustave-Adolphe.
(De 1414 à 1612.)

En 1449, Pont-Audemer fut attaqué par le comte Dunois avec des fusées. Charles-le-Téméraire avait, contre les Suisses, 162 bouches à feu en fer de 48 livres; il assié-gea Grandson avec 50 grandes carthaunes (canons courts et pesants); les Suisses, à Grandson, avaient 6,000 fusils; à Morat, ils en avaient 10,000 et des canons en fer; ils en prirent 200 à Charles-le-Téméraire. C'est aussi vers la fin du 14e siècle qu'on intro-duisit les boulets en fer; ils pesaient environ 56 livres. C'est à peu près à la même époque qu'on se servit aussi des boulets rouges et des mortiers. En 1472, Sagan fut incendié par les premiers, et en 1480 Caorsin fait la description de ces derniers dans le récit du siége de Rhodes.

CHARLES VIII.

C'est pendant la campagne de Charles VIII en Italie, qu'on voit ce premier emploi important de l'artillerie dans la guerre de campagne La garde de l'artillerie fut toujours confiée au corps le plus distingué. Charles VIII en chargea les Suisses dans ses guerres d'Italie, et l'on sait qu'ils étaient alors la meilleure et peut-être la seule bonne infanterie de l'Europe. Au retour de la conquête du royaume de Naples, ils s'attelèrent eux-mêmes au canon pour lui faire traverser l'Apennin, Charles VIII n'avait que des pièces en bronze sur des affûts ; en passant par Rome, il avait 36 pièces de gros calibre ou couleuvrines, 104 de petit calibre ou faucons ; ces derniers étaient sur des affûts à deux roues et pouvaient suivre la cavalerie partout; le dixième de l'infanterie avait des armes à feu.

LOUIS XII.

Sous Louis **XII**, le soin de garder l'artillerie et de la conduire fut confié aux lansquenets, corps d'infanterie allemande connu par sa valeur, et ennemis jurés des Suisses.

FRANÇOIS I.

A la bataille de Marignan, François Ier avait 72 bouches à feu, séparées par batteries qui, tirant contre l'ordre profond des Suisses, leur causa des pertes considérables. Après cette bataille mémorable, qu'on nomma le combat des géants, François Ier, réconcilié avec les Suisses, leur rendit la garde de l'artillerie qu'ils conservèrent jusqu'à Louis XIV. Le célèbre Pierre de Navarre, qui de simple soldat s'éleva en France et en Espagne aux premières dignités, ayant été témoin d'un essai grossier pour faire jouer une mine, en 1487, au siége de Sarzanella par les Génois, renouvela cette expérience, en 1503, étant au service de Charles-Quint ; il mina le château de l'OEuf à Naples et en rendit maîtres les Espagnols. A la bataille de Pavie, 1525, le feu de la mousqueterie fit un effet considérable ; c'est vers cette époque qu'on commença à régler les calibres de l'artillerie.

CHARLES-QUINT.

Charles-Quint hâta beaucoup les progrès de l'artillerie ; il fit fabriquer à Malaga, sur de nouvelles propositions, 12 pièces de 40 livres de balles, portant les noms des 12 Apôtres et qui servirent long-temps de modèle aux fondeurs de l'Europe. Charles-Quint ayant fait faire des essais pour régler la longueur des carthaunes, on adopta la longueur de 18 calibres. A la bataille de Cérisolles, gagnée par le duc d'Enghien sur les troupes de Charles-Quint, le premier avait des pièces de 4 avec un double attelage qui accompagnaient la cavalerie. En 1662, on se servit contre Rouen, pour la première fois, d'obus. Déjà on s'occupait théoriquement de l'art de l'artillerie. Machiavel, dans son *Art de la guerre*, parle de la tactique de cette arme. Tartaglia publia, en 1543, des considérations sur la trajectoire du boulet. Enfin, en 1572, l'édit de Blois régla les dimensions des bouches à feu, simplifia le nombre des calibres jusqu'alors existants. Collado publia en 1585, sous le titre *Pratica d'artilleria*, le premier ouvrage d'artillerie fondé sur de nombreuses expériences. Galilée, en 1599, s'occupa aussi de la partie théorique de cette arme.

HENRI IV.

Quoiqu'il y ait eu des grands maîtres d'artillerie avant Sully, et que le premier fût, en 1515, Antoine de Lafayette, seigneur de Pontgibauld, cette charge devint plus importante en étant confiée, en 1592, au grand Sully. Ce grand ministre, dont l'influence bienfaisante se fit sentir dans toutes les branches de l'administration, apporta aussi beaucoup d'améliorations au matériel d'artillerie , et fit construire de hauts fourneaux exclusivement destinés à la fonte des bouches à feu et des projectiles ; il rendit des ordonnances sur le raffinement du salpêtre. Henri IV avait 50 canous pareils de 45 livres qui causaient alors l'admiration universelle.

Quoique l'artillerie de ce temps ne fût pas très-mobile , et qu'une fois en batterie les chevaux fussent dételés jusqu'à ce qu'il fallût se porter en avant , on verra dans le passage suivant un nouvel indice de l'artillerie légère.

On lit dans Enrico Caterino Davila , livre X , page 611 , année 1589, 24 septembre, bataille d'Arques :

« Ceux de la ligne s'avancèrent avec effronterie, mais une nouvelle manière de combattre les obligea de se retirer avec une grande perte ; car le roi ayant envoyé le baron de Byron avec un gros détachement de cavalerie au milieu de la plaine , le duc de Mayenne, indigné de leur témérité de s'avancer aussi loin et pensant qu'ils s'étaient engagés imprudemment, envoya deux escadrons de cavalerie pour les attaquer ; mais à leur arrivée, les gens du roi, s'étant développés avec adresse à droite et à gauche, laissèrent avancer au milieu d'eux deux grandes couleuvrines qui, tirant et exécutant au galop tous les mouvements avec une promptitude admirable, non seulement tuèrent beaucoup de monde et rompirent leur ordre de bataille, mais mirent l'ennemi en fuite, leur offrant le spectacle extraordinaire de deux machines aussi grandes escarmouchant avec la cavalerie. Cette manière si neuve et si prompte de conduire l'artillerie de gros calibre fut l'invention de Charles Brisca, bombardier, natif de Normandie, etc. »

D'Aubigny raconte le même fait.

Il est curieux cependant de voir que plus tard à la bataille de Newport, en 1600, il n'y eût que 6 canons de part et d'autre. En 1606, à Wachtendonk, Bucquoy, général de Philippe III, roi d'Espagne, fit jeter sur la brèche, en montant à l'assaut, des grenades à main. La guerre d'indépendance dans les Pays-Bas contribua aux progrès de l'art de l'artillerie, surtout dans ce qui a rapport à l'attaque ou à la défense des places.

C'est vers la fin du 16e siècle qu'on abandonna la construction de ces pièces de dimensions extraordinaires qui pesaient, sans l'affût, jusqu'à 26,000 livres. Le poids du boulet était de 140. On sentit qu'on gagnerait à ne faire que des pièces qu'on pût supporter et manœuvrer aisément.

L'usage des boulets rouges, quoique déjà connu antérieurement, puisque les Polonais en tirèrent beaucoup au siége de Danzig, en 1577, devint plus commun dans cette guerre. Le tir des boulets incendiaires et des bombes devint aussi plus fréquent. L'artillerie de campagne fut moins nombreuse qu'auparavant; on comptait seulement une bouche à feu par mille hommes. Quoique deux siècles et demi se fussent déjà écoulés depuis l'invention des premières bouches à feu, leur emploi n'avait point encore changé entièrement la tactique de l'infanterie.

TROISIEME PÉRIODE.

De Gustave-Adolphe à Frédéric-le-Grand.

(De 1612 à 1740.)

GUSTAVE-ADOLPHE.

Jusqu'à Gustave-Adolphe les améliorations qu'on avait introduites dans l'artillerie n'avaient été que partielles; ce grand capitaine fut le premier qui fit comprendre tous les changements importants que cette nouvelle arme de jet devait introduire dans la tactique. Il comprit que le plus grand avantage à donner à l'artillerie était de la rendre mobile, afin de réunir sur un point marqué le plus de feux possible; il allégea le matériel et créa l'artillerie, connue depuis, sous le nom d'artillerie régimentaire; au lieu de diviser les bouches à feu sur tout le front de la ligne de bataille, il fut le premier qui la réunit en batteries sur les ailes et au centre de ses lignes; pour diminuer l'effet nuisible de l'artillerie ennemie, il diminua la profondeur de l'ordonnance, et, tout en donnant moins de prise à l'ennemi, il procura à sa mousqueterie un plus grand champ de tir, en augmentant son front. Parmi les améliorations secondaires qu'il a introduites, on peut compter le perfectionnement du fusil d'infanterie et l'emploi des gargousses au lieu de la lanterne pour charger les pièces. L'adoption de la vis de pointage au lieu du pointal en bois, et l'introduction de l'étoupille en fer-blanc en remplacement de la poudre qu'on introduisait dans la lumière, sont des améliorations de cette époque. Dans toutes ses batailles, Gustave-Adolphe traîna toujours un grand nombre d'artillerie à sa suite; on peut compter qu'il eut toujours 4 bouches à feu par mille hommes. A son passage du Lech devant Tilly, il avait 172 pièces de gros calibre.

Déjà les Suédois avaient, dans la campagne de Pologne, des canons dont l'ame était un cylindre en fer recouvert en cuir. En 1626, le colonel suédois Wurmbrand en fit construire encore ; mais on les abandonna bientôt après la bataille de Leipzig, où ces pièces s'échauffèrent tellement, que la charge prit feu en l'introduisant dans le canon. En 1633, les Suédois assiégèrent Constance avec des mortiers à chambres côniques, et ce qui semblera singulier, c'est qu'ils creusèrent en terre des bouches à feu d'où ils tirèrent des pierres (1), ce qui est la même chose que les nouvelles fougasses-pierriers. Les Suédois avaient alors changé leurs canons en cuivre contre des canons de 4 en fer ; ces pièces, attelées de deux chevaux, avaient 16 calibres de longueur ; leur poids était de 625 livres ; elles pouvaient tirer trois coups dans le même temps qu'il fallait pour en tirer un avec le mousquet (2). C'est vers cette époque que le tir à bombe, connu depuis long-temps en Allemagne et en Angleterre, fut introduit en France. Les grands capitaines, qui vinrent après Gustave-Adolphe, ne

(1) Moritz Meyer.
(2) Grewenitz, page 50.

1.

firent que suivre brillamment les exemples donnès par ce grand roi dans la tactique. Condé, Turenne, Banner, Torstenson, le duc de Weimar, Wallenstein, Montecuculi, firent ressortir le rôle important de l'artillerie. Cependant Turenne employa un bien moins grand nombre de bouches à feu que Gustave-Adolphe.

LOUIS XIV.

En 1691, Louis XIV établit la compagnie des fusiliers du roi, chargée de la garde de l'artillerie ; cette compagnie fut la première qui eut des fusils armés de la baïonnette. En 1693, Louis XIV donna au régiment des fusiliers du roi, le nom de *Régiment royal d'artillerie*. Louis XIV, en 1697, créa la première compagnie de mineurs, commandée par M. de Valière.

En 1678, on disposait encore l'infanterie sur 6 rangs. En 1688, on ne la forma plus que sur 4, et à la fin de ce siècle l'infanterie et la cavalerie furent également disposées sur 4 rangs. A cette époque, on augmenta de nouveau le nombre des bouches à feu, ainsi que la force numérique des armées. A Fleurus, où le maréchal de Luxembourg remporta la victoire, l'armée française avait 100 bouches à feu. Dans ses autres campagnes, ce maréchal conduisit 195 canons et 76 mortiers. Dans la guerre de la succession, on vit le prince Eugène et Malborough exécuter encore, sur une plus grande échelle, les préceptes de Gustave-Adolphe. A la bataille de Hochstaedt, l'artillerie des impériaux contribua beaucoup aux succès de la journée. A la bataille de Malplaquet, les alliés avaient 120 bouches à feu, les Français près de 200, et 300,000 combattants couvraient le champ de bataille ; 50 bouches à feu des Français, placées à droite de leur ligne et chargées à mitraille, mirent hors de combat 2,000 Hollandais dans une seule décharge (1). A la fin de ce siècle et au commencement du 18ᵉ, la science théorique et le matériel de l'artillerie subirent de grands perfectionnements. En 1683, les Français adoptèrent la prolonge et les étoupilles ; on

____

(1) Major Grewenitz, page 61.

introduisit l'usage de l'éprouvette pour mesurer la force de la poudre; le globe pesait 60 livres; la charge était 1 1/2 once; la portée requise était de 50 toises.

VAUBAN.

Vauban rendit l'attaque bien supérieure à la défense par l'invention du tir à ricochet; il changea aussi les affûts de place et introduisit les cartouches d'infanterie; cependant on amorçait encore avec une boîte à poudre. Les sabots pour boulets furent adoptés en 1709. A Steinkerque (1692), les alliés avaient tous leurs fusils avec des batteries à pierres; les Français qui n'avaient que les 2/3 de leur infanterie armés de mousquets, jetèrent leurs armes pour prendre celles de leurs ennemis, qu'ils trouvaient sur le champ de bataille (1). Les piques ne furent abandonnées entièrement que par l'influence de Vauban. En 1693, les Français ayant appris, à leurs dé-

(1) Capitaine Moritz Meyer.

pens, à la bataille de Nerwinde, les effets des obusiers, adoptèrent ces bouches à feu quelque temps après. En 1697, Fouard essaya de faire des affûts en fer forgé, qui réussirent parfaitement; les roues, pour les pièces de campagne, étaient en bois. En 1709, Peret employa le tir horizontal des obus dans des canons, contre les vaisseaux. Quelques années plus tard, Maritz, de Genève, fut le premier qui coula *plein* un canon et qui inventa la machine horizontale pour le forer.

Quant à la partie théorique, Haller, en 1686, s'occupe déjà de la résistance que l'air oppose au mouvement des projectiles tout en la considérant comme nulle. A la même époque, Torricelli, Anderson, Blondel, s'occupent de questions balistiques. Newton, en 1687, prouve que la trajectoire dans l'air n'est pas une parabole. Herberstein et Halley traitent les mêmes sujets. St-Remy publia, en 1697, ses mémoires d'artillerie. En 1702, de la Hyre, Bernouilli, font des recherches sur les effets de la poudre. Bélidor construit des tables de tir pour mortier qui sont reconnues inutiles. Wolf fait des recherches dans le même genre. En France, à cette époque, des charges furent proportionnées au poids du boulet; on les réduisit à 1/5; elles étaient auparavant des 2/3, ou de 1/2. Les différents calibres furent réunis par brigades; on allégea les bouches à feu de campagne, ainsi que leurs affûts.

VALLIÈRE.

En 1712, Vallière, qui avait assisté à toutes les campagnes de la fin du règne de Louis XIV, et qui avait pris part à 60 siéges et à 10 grandes batailles, introduisit de nouveaux perfectionnements dans l'artillerie française; il réduisit le nombre des calibres à 5 et calcula les effets de la poudre dans les mines. Au siége du Quesnoy, en 1712, il démonta, par le tir d'enfilade, avec 34 pièces, en 24 heures, 80 pièces ennemies; il proposa de battre en brèche avec des obus.

Pendant le 17e siècle, on inventa plusieurs armes singulières qu'on retrouve encore aujourd'hui dans les arsenaux, telles que des pièces jumelles, des pièces triples et des mortiers à plusieurs coups; toutes ces armes, dont on reconnut l'embarras et le peu d'effet, furent abandonnées à l'époque dont nous parlons.

QUATRIÈME PÉRIODE.

De Frédéric à Napoléon.

(De 1740 à 1800.)

FRÉDÉRIC.

Frédéric, comme tous les grands hommes, vit d'un coup-d'œil, dans la politique comme dans la guerre, tout ce qu'il y avait à faire pour améliorer, et employa les moyens les plus prompts pour parvenir à un grand résultat. Il ne détruisit par les armes que pour recréer par son génie : telle est la mission des hommes supérieurs. Fidèle aux principes des Romains, qui prirent toujours chez leurs ennemis ce qu'ils y trouvèrent de bon, il envoya, en 1747, plusieurs officiers d'artillerie dans le Brabant pour y étudier les systèmes établis dans l'armée française.

Frédéric sépara l'artillerie de campagne de l'artillerie de siége ; il la réunit en batteries ; elle n'était auparavant divisée qu'en parc. Il créa l'artillerie légère pour suivre les mouvements de la cavalerie. A Czaslau, à Hohenfriedberg, Frédéric plaça son artillerie en masse, au lieu de l'éparpiller sur tout le front de la ligne ; à Rosbach, on la voit déjà suivre les mouvements de cette fameuse cavalerie, commandée par Seidlitz. A Leuthen, l'artillerie joua aussi un grand rôle. A Zorndof, 20 bouches à feu réunies vomirent la mort sur les Russes, que la célèbre charge de cavalerie de Seidlitz mit en déroute. La perte de la bataille de Künersdorf peut être attribuée, en grande partie, au manque de réserves d'artillerie et de cavalerie ; les pièces régimentaires et celles de gros calibres n'étant pas assez mobiles, à cette époque, pour suivre les mouvements des troupes au moment décisif.

Frédéric perdit deux fois son artillerie à cheval ; il la réorganisa une troisième, et au combat de Reichenbach, à la fin de la guerre de 7 ans, c'est elle qui, par la vivacité de son feu, couvrit le déploiement de la cavalerie et qui assura le succès de la journée.

On voit, dans presque toutes les batailles du grand Frédéric, l'importance qu'acquit l'artillerie ; sa tactique fut perfectionnée comme celle des autres armes. Sous Frédéric, le nombre des bouches à feu fut de 4 pieces par mille hommes. Les pièces de 12 furent introduites par lui au nombre des pièces de campagne. Tempelhof introduisit dans l'armée prussienne des batteries de mortiers de 7 livres et de 10 livres.

GRIBEAUVAL.

En France, Gribeauval introduisit de nouveaux changements dans l'artillerie ; il fut envoyé en Prusse par le comte d'Argenson, ministre de la guerre, pour prendre des renseignements sur l'artillerie prussienne. Après avoir servi Marie-Thérèse, il revint en France; les principales améliorations dont il dota l'artillerie sont :

1° La rédaction de l'ordonnance de 1767, qui fixa la proportion des troupes de l'artillerie, relative à la force des armées et en détemina l'emploi;

2° L'établissement des écoles de cette arme sur l'excellent pied où elles ont été depuis ;

3° La formation du corps des mineurs, dont il avait le commandement particulier;

4° Le perfectionnement des manufactures d'armes, de forges et de fonderies;

5° Les proportions établies dans les différents calibres des bouches à feu, qui furent considérablement allégées.

6° De nouvelles batteries de côtes, avec des affûts de son invention pour les servir;

7° L'ordre établi dans les arsenaux de construction, et la plus grande uniformité dans toutes les pièces des trains d'artillerie. Toutes les constructions furent, dès-lors, exécutées avec une précision parfaite par des ouvriers exercés et travaillant sous la direction d'officiers consommés dans cette partie.

Les obusiers ne furent adoptés définitive-
ment en France qu'en 1774. Comme améliorations de cette époque, il faut encore compter
la division de l'artillerie en bouches à feu
de position et en bouches à feu de régiment,
l'adoption de la vis de pointage, de la hausse
à la culasse, des essieux en fer, des forges
de campagne, et la création des compagnies
d'ouvriers.

Dans la guerre de 7 ans, les Russes se servirent des pièces dites *licornes*, ou *à la Schou-
walow*, qu'ils ont encore aujourd'hui.

Dans cette période et surtout à la fin du
18ᵉ siècle, parurent les ouvrages précieux
qui ont encore une valeur classique. Les
principaux auteurs furent, en France, Mau-
pertuis, Lambert, Dupuget, Lombard ; en
Suède, Struensée ; en Piémont, Papacino
d'Antoni ; en Angleterre, Robins et Hutton ;
en Prusse, Tempelhof, Euler, Scharnhorst ;
en Autriche, le général D'Unterberger et
Vega ; en Espagne, Morla ; en Saxe, Hoyer
et Rouvroy.

CINQUIÈME PÉRIODE.

Napoléon.

(De 1800 jusqu'en 1815.)

L'empereur Napoléon, que nous prendrons comme représentant glorieux des changements introduits par la révolution de 89, créa une nouvelle ère dans la guerre comme dans la politique. Tout, sous son commandement, reçut une nouvelle impulsion.

L'artillerie, dans ses mains, ne fut plus une arme accessoire; elle devint la massue du géant.

Quoique sous Napoléon tout se soit perfectionné, la législation civile autant que l'organisation militaire, il faut cependant, pour bien juger ce qui s'est fait sous ce grand homme, voir le but général et non les effets secondaires; car, de même qu'en politique, le règne de l'Empereur n'est pas une querelle de palais ni une discussion fallacieuse des articles d'une charte, mais la question de l'indépendance de la France, de la régénération de l'Europe; de même, sous son commandement, l'artillerie n'est pas occupée de querelles minutieuses, de systèmes d'affûts ou de calibres, mais il l'organise de manière à pouvoir tirer tout l'avantage possible de ce corps d'élite, et le met en position de montrer toute sa puissance physique et morale; et pour continuer la comparaison : de même que chez les nations étrangères, il organise des pays et en forme des corps ayant nationalité, administration et organisation particulières, afin de les amener plus promptement, quand il en sera temps, à une indépendance complète; de même, dans l'armée, il crée les divisions composées de trois armes, corps entiers qui rendent les grandes masses plus maniables et permettent de les réunir aisément sur le point important le jour du combat.

Nous ne parlerons pas des cent batailles où l'artillerie joua un si grand rôle; vanter Napoléon comme capitaine est inutile aujourd'hui, le vanter comme fondateur et régénérateur est hors de notre sujet; cependant qu'il me soit permis d'ajouter que l'histoire de l'Empereur nous offre du moins une idée consolante, c'est que la calomnie passe et que la vérité reste; car, maintenant, partout où les passions se sont calmées, on rend justice à l'empereur, et même chez les nations étrangères, et surtout chez les Prussiens, qui possèdent l'armée la plus nationale et la plus instruite de l'Allemagne; il n'y a pas de journal périodique militaire où Napoléon n'apparaisse sous le double aspect de grand homme et de grand capitaine. Mais revenons à notre sujet. Suivant l'état de la société, suivant les influences auxquelles elle obéit, la régénération d'un corps se fait de deux manières : ou elle s'étend du centre aux extrémités, ou de la circonférence elle reflue vers le centre, c'est la sève qui du tronc s'étend aux branches, ou la greffe qui produit l'effet opposé; c'est ainsi que, tandis que sous Frédéric la tactique perfectionnée amena une amélioration dans la stratégie; sous Napoléon, au contraire, la tactique ne fut améliorée que par la stratégie; c'est ainsi que toutes les branches de l'administration civile et militaire furent améliorées comme conséquence d'un besoin impérieux, comme résultat d'un seul mobile.

La première nécessité fut d'avoir de grandes armées pour défendre le territoire. Il fallut ensuite les rendre mobiles pour obtenir des succès décisifs. La première condition et les principes d'égalité amenèrent la conscription au lieu des enrôlements volontaires, de sorte que l'armée devint l'élite de la nation, et, se retrempant sans cesse dans le peuple, elle comprit sa haute mission et sa noble origine (1). L'obligation de rendre l'armée mobile amena l'abolition des tentes, l'organisation du train pour tous les équipages militaires, la création des divisions et des corps d'armées.

Le perfectionnement de l'artillerie amena

(1) Napoléon, honneur et patrie se confondaient dans leur (Garde Impériale) admiration et leur dévouement. Pas un d'eux pensait que ce dévouement les appelât jamais à défendre la couronne impériale contre les tumultes populaires.

Foy, Guerre de la Péninsule.

aussi la guerre des tirailleurs qui, en employant avantageusement tous les feux de l'infanterie, la déroba aux effets du canon.

L'artillerie à cheval reçut, sous l'empire, le plus grand développement. Dans ses Mémoires, l'Empereur s'exprime ainsi sur cette arme :

« L'artillerie à cheval est le complément de l'arme de la cavalerie ; 20,000 chevaux et 120 bouches à feu d'artillerie légère équivalent à 60,000 hommes d'infanterie ayant 120 bouches à feu. Dans les pays de grandes plaines, comme en Egypte, dans les déserts, en Pologne, il serait difficile d'assigner qui aurait la supériorité (1). »

L'Empereur refusa avec raison d'amalga-

(1) 2,000 cavaliers avec 12 pièces d'artillerie légère équivalent donc à 6 000 hommes d'infanterie avec 6 pièces d'artillerie ; en ligne de bataille, les divisions occupent une ligne de 500 toises, douze fantassins ou quatre chevaux par toise. Un coup de canon, qui tuerait tout ce qui existe sur une toise de solidité, tuerait donc douze fantassins ou quatre cavaliers et quatre chevaux. La perte de douze fantassins est bien plus considérable que celle de quatre cavaliers et de quatre chevaux. (*Mémoires de Montholon.*)

mer dans le même corps l'artillerie et le génie ; mais il réunit les élèves des deux armes à l'école de Metz, établissement qu'alimentait l'école Polytechnique.

L'artillerie régimentaire ne fut qu'un expédient pour faire transporter une nombreuse artillerie avec moins d'embarras que si elle eût été réunie en divisions et en parcs (*général Foy*, *page* 120).

Le matériel, jusqu'en 1827, fut toujours, sauf quelques changements, celui qu'établit Gribeauval. En 89, on adopta les mortiers proposés par le général Gomer, à chambre cône-tronqué. En 90, on régla l'armement des côtes en bouches à feu, en fer coulé. En l'an XI de la république, on proposa un nouveau système d'artillerie, et on adopta les pièces de 6. En 1811, à l'attaque de Cadix, on sentit le besoin d'une bouche à feu dont la portée fût plus grande.

Le colonel Villantroys en fit fabriquer à Séville qui donnèrent de très-grandes portées (1). Les calibres étaient de 9 à 10 et

____

(1) Voyez page 234 du Manuel.

11 pouces ; les longueurs d'ames de 6 , 7 et 8 calibres ; les charges de 30 à 60 livres ; les portées de 5 à 6,000 mètres ; le poids de la pièce de 7,000 à 17,000 livres. et celui de l'affût de 5,000 à 10,000 livres.

Pendant les guerres de la révolution , le nombre des obusiers fut beaucoup plus considérable qu'il ne l'était auparavant. L'équipage impérial était de 120 bouches à feu pour un corps d'armée de 40,000 hommes , ou quatre divisions d'infanterie , ayant une divison de cavalerie légère, une de dragons, une de cuirassiers. De ces quinze divisions d'artillerie, deux étaient attachées à chaque division d'infanterie , trois étaient en réserve et quatre à cheval ; une à la division de cavalerie légère , une à la division de dragons , deux à celle des cuirassiers (1).

Quelques militaires ont émis l'opinion que, depuis un siècle, la tactique n'avait nullement fait des progrès. Il est vrai de dire que la base de notre tactique est la tactique prussienne , mais améliorée par 20 années de

(1) Montholon , page 175.

victoires. Qui oserait, de nos jours, vanter avec Folard la supériorité des anciennes machines de guerre sur les nôtres, en disant que les flèches, les balistes et les catapultes étaient infiniment *plus justes, plus assurées, plus continues?* Qui croirait que, il n'y a pas 100 ans, les bouches à feu étaient dételées sur le champ de bataille, les charretiers restant à couvert jusqu'à ce qu'on voulût changer de position? Qui croirait que, il y a 40 ans, la conduite des bouches à feu était abandonnée à des entrepreneurs, gens non militaires et ignorant le service, ou, comme s'exprime le général Foy, sans patrie et sans vertu? Qui croirait que, avant le grand Frédéric, quand on voyait l'affaire douteuse, on faisait retirer les pièces d'artillerie de peur de les perdre?

Enfin, qui croirait que, 12 ans avant la révolution, on a écrit des volumes pour prouver que la mobilité des canons est une qualité superflue, et que les mêmes pièces montées sur les mêmes affûts doivent servir le long des côtes, sur les remparts, aux siéges et en campagne?

PÉRIODE ACTUELLE.

Systèmes nouveaux, inventions.

Depuis la paix, on a, chez toutes les puissances, perfectionné les branches de l'art militaire. Dans un grand nombre de pays, on a adopté, pour le matériel, les affûts anglais monoflasques.

En France, en Belgique, en Piémont, en Suède, en Suisse et dans quelques parties de l'Allemagne, le matériel anglais a servi de modèle pour la construction des voitures.

Le nouveau système français a été attaqué comme le furent précédemment les systèmes de Vallière et de Gribeauval. Les uns ont exagéré ses avantages, les autres ont exagéré ses inconvénients; comparer, pour l'agilité, l'artillerie montée à l'artillerie à cheval, c'est commettre une grande erreur; mais en la comparant à l'artillerie à pied, elle aura toujours l'avantage sur celle-ci; car l'artillerie montée n'est que de l'artillerie à pied qui, suivant les circonstances, a la possibilité de transporter ses soldats sur les affûts et sur les caissons et d'accélérer ainsi ses mouvements.

Nous énumérerons les avantages du matériel français; cela sera, en même temps, vanter le matériel suisse de campagne, qui, sauf quelques modifications insignifiantes, lui est entièrement semblable.

Artillerie française. — Nouveau matériel.

L'adoption d'un nouveau matériel, beaucoup plus mobile que l'ancien, a conduit à modifier l'organisation du personnel qui doit le servir.

Le personnel de l'arme comprend : 1° les troupes qui manœuvrent les bouches à feu; 2° un bataillon de pontonniers; 3° les com-

2.

pagnies d'ouvriers ; 4° le train des parcs d'artillerie.

Les troupes de l'artillerie forment 14 régiments, chacun composé de 12 batteries, d'un peloton hors rang et d'un cadre de dépôt.

Les 4 premiers régiments ont 3 compagnies à cheval, les 10 autres en ont seulement 2.

Les batteries non montées sont destinées au service des siéges, des places et des parcs. Comme elles suivent au régiment la même instruction que les autres batteries, il suffit d'augmenter leur effectif en hommes et de leur donner des chevaux, pour les transformer en batteries montées, ou à cheval.

Le 24, le 16, le 12 et le 8 forment toujours les calibres des canons de siége et de place ; mais le 12 et le 8 sont seuls destinés à armer les batteries de campagne. C'est un avantage de la mobilité des nouveaux affûts, de permettre qu'on ne conduise sur le champ de bataille que des bouches à feu d'un effet puissant.

Le 1, pour les troupes légères, était abandonné depuis longtemps. Les pièces de 4 existantes sont employées dans l'armement

des places pour les sorties ; il en est de
même des pièces de 6 , calibre qui avait été
adopté en l'an XI, pour remplacer le 4 qu'on
trouvait trop inefficace , et le 8 qu'on trouvait trop lourd.

Les obusiers , tels qu'ils ont été employés
dans les dernières guerres , avaient présenté
de graves inconvénients : d'une part, ayant
une ame trop courte, ils n'avaient qu'un tir
fort incertain ; d'autre part, étant fort légers,
ils avaient une violente réaction sur l'affût,
qu'on était contraint de faire très-pesant et
qui encore résistait mal.

Pour obvier à ces inconvénients , on a
fabriqué de nouveaux obusiers , longs comme les canons, et offrant par leur poids une
résistance suffisante à l'explosion. Ce sont
les seuls actuellement en usage.

Ces obusiers sont du calibre de 6° et de
24 (ce dernier est ainsi nommé , parce que
l'obus peut être tiré dans la pièce de 24);
ils se placent sur les mêmes affûts que les
canons de 12 et de 8 , et accompagnent les
batteries de ces deux calibres.

Ils ont une chambre raccordée avec l'ame
par un tronc de cône. Les obus sont ensa-

botés , et dans la tête du refouloir est ménagée une cavité pour donner logement à la fusée , quand on pousse l'obus à fond.

En outre de ces deux obusiers de campagne , il existe :

1° Un obusier de 8° pour les siéges et la défense des places; cet obusier se charge à la main comme les anciens obusiers ; mais pour détruire l'effet de détérioration sur les affûts , il y a , en arrière du fond de l'ame, une masse de métal qui donne à cette bouche à feu , extérieurement , la longueur d'un canon ;

2° Un obusier de 12 pour la guerre de montagne : cette dénomination vient de ce que l'obus a les dimensions du boulet de 12. Dans le courant du Manuel nous l'avons nommé obusier de 8, parce que son obus pèse environ 8 livres , et qu'il était nécessaire de ne pas le confondre avec l'obusier de 12 déjà existant en Suisse.

Les avantages du nouveau matériel consistent dans la disposition suivante :

Les quatre roues étant d'égale hauteur , la voiture est plus mobile et n'a pas moins de tournant que l'ancienne , parce que les deux flasques sont remplacés par une flèche unique.

Le point d'attache des deux trains étant bas, et composé d'un crochet fixé à l'avant-train, et d'une lunette qui termine la crosse, au lieu de la cheville ouvrière, on ôte et on replace l'avant-train avec facilité et promptitude et il n'y a plus qu'un seul encastrement, ce qui accélère la manœuvre.

En outre, les deux trains se trouvent par-là indépendants l'un de l'autre, et la voiture franchit les mauvais pas avec plus d'aisance.

Il n'y a que deux espèces d'affûts de campagne : l'un pour le 12 et l'obusier de 6°, l'autre pour le 8 et l'obusier de 24 ; l'avant-train du caisson est le même que celui de la pièce, ce qui permet de réapprovisionner l'affût par un simple échange d'avant-train.

Les caissons ne diffèrent entre eux que par la division intérieure de leurs coffres, qui reçoivent les munitions des divers calibres.

L'affût pour les pièces de siége est analogue à celui de campagne et peut servir de porte-corps, c'est-à-dire de voiture pour faire voyager la pièce (1).

———

Système du général Zoller.

Le général-major d'artillerie baron de Zoller, un des généraux d'artillerie les plus distingués de la Bavière, après avoir médité sur tous les nouveaux systèmes d'affûts, et après avoir fait, par lui-même, de nombreuses expériences, a proposé pour l'artillerie bavaroise un nouveau système, qui tient du matériel Gribeauval et du nouveau système français.

Les calibres sont : canons de 12 et de 6, obusiers longs de 24 et de 12, deux affûts pour ces quatre calibres ; les affûts ont deux flasques, et les entretoises comme les affûts à la Gribeauval. Le général a conservé deux

(1) Voyez, pour l'avantage du nouveau matériel, le chapitre sur la construction mécanique des voitures, page 441 du Manuel.

espèces de roues, quoiqu'il n'y ait qu'un seul essieu et par conséquent qu'une seule espèce de boîte ; il paraît qu'il a trouvé, dans la pratique , des désavantages dans l'égale hauteur des roues à l'avant-train et à l'arrière-train ; la hauteur des roues de l'avant-train est à celle des roues de l'arrière-train , comme 9 : 11.

L'avant-train sert indistinctement aux affûts et aux autres voitures (1) ; il porte un grand coffre.

Il y a 2 caissons : l'un sert aux batteries

(1) Ses parties principales sont : 2 armons, 1 corps d'essieu en bois, 1 grande selette , 1 petite sassoire portant la cheville ouvrière de 9 pouces de longueur et éloignée de 18 pouces de la grande selette , 1 support placé sur la ligne du milieu de l'encastrement des armes portant la chaîne d'embrelage , 1 châssis de coffre à munitions , 1 petite selette fixée dans le sens de sa longueur sur le support servant dans les voitures conjointement avec le poids du coffre à munitions qui se trouve de 4 pouces plus en avant dans les avant-trains des voitures que dans ceux des affûts, à maintenir en partie le timon dans sa position par le contre-balancement du devant de l'arrière-train dont l'entretoise de devant s'appuie, dans certaines positions, sur l'extrémité de cette petite selette qui n'a de largeur que

de 12 et à l'approvisionnement des parcs d'infanterie ; l'autre, qui est un caisson Wurst, sert à toutes les batteries de 6 ; et son couvercle arrondi, rembourré, couvert en cuir, permet aux canonniers de s'y asseoir. La voie des voitures est de 58 pouces 1/2 (pied du Rhin).

Les avantages de ce matériel consistent dans les propriétés suivantes :

Une grande solidité, l'indépendance des deux trains liés par un seul point, un bon attelage ; chaque cheval, maître de ses mouvements, est attelé à l'avant-train sans être obligé de soutenir le timon ; les chevaux de derrière sont attelés aux palonniers de la volée de derrière ; les 2 ou les 4 chevaux de devant sont attelés à la volée du bout du timon ; les voitures ont un grand tournant ; l'affût de 6 tourne sous l'angle de 91°, celui de 12 sous 89°, le caisson ordinaire sous 88°,

5 1/2 pouces et 9 pouces de largeur; 1 planche marche-pied, 4 tasseaux de planches marche-pieds, 1 volée de derrière avec deux palonniers, 1 timon, 1 volée de bout de timon sans palonniers, 1 essieu en fer, deux roues.

le caisson Wurst sous 81°, la forge de campagne sous 78°, et le chariot de batterie sous 75°. Cinq pas suffisent pour pouvoir tourner sur place avec un attelage de 6 chevaux.

Le système entier a une grande flexibilité provenant de l'indépendance des deux trains et du bon attelage des chevaux.

Les mouvements du timon sont bien moins considérables que dans l'ancien système, dont l'avant-train avait une grande sassoire.

Les coffres d'avant-trains de 12 contiennent 17 cartouches; les coffres d'avant-train de 6, 20. Les munitions sont toutes dans des caisses, ce qui facilite les remplacements des munitions consommées des avant-trains, puisqu'il ne s'agit que d'échanger les caisses vides contre des caisses pleines. Il faut peu de temps pour enharnacher, désenharnacher, atteler et dételer les chevaux. Les voitures chargées de ce système sont moins lourdes que celles du matériel français et suisse, ce qui est naturel, puisque les coffres contiennent moins de munitions.

Canons du colonel Paixhans.

Les canons à bombes du colonel **Paixhans** furent une innovation heureuse, et le récit des expériences entreprises contre les vaisseaux avec ces nouveaux projectiles ne laissent pas douter de leur effet destructif pour la marine.

L'invention consiste à tirer horizontalement des bombes et des obus dans des canons qui auraient un calibre triple ou quadruple de celui des canons ordinaires, et qui, cependant, conserveraient le même poids.

En remplacement de la caronade de 36, on aurait une caronade à obus du calibre d'un canon de 48, le projectile pèserait 35 livres et la pièce 72 fois le poids de son projectile chargé.

Avec le poids du canon de 36, on lancerait des bombes de 8 pouces, en forant le canon au calibre de 80.

Avec le poids du canon de 48, on lancerait des bombes de 11 pouces, etc., etc.

La forme générale d'un canon à bombes ou à obus est à peu près celle d'une caronade qui aurait des tourillons, ou d'un obusier long. (*Voyez l'obusier de montagne, page 165 du Manuel.*)

La chambre est cylindrique raccordée avec l'ame par un arc de cercle d'un rayon — 1/8 du diamètre de la chambre.

La charge varie de 1/12 ou 1/7 du poids du projectile.

La bombe ou l'obus est ensaboté.

Pendant les essais commandés par le gouvernement, les bombes tirées à 1,000 et 1,200 mètres sur un vaisseau, y ont fait des ravages extraordinaires.

Les portées moyennes furent de 2,000 à 2,400 mètres.

Le canon de 80, chargé de 17 livres 11 onces de poudre et tiré sous l'angle de 37 1/2 degrés, a lancé la bombe à une lieue 4,250 mètres.

Affûts en fer du capitaine Thiery.

Une proposition importante, faite par le capitaine Thiery, consiste à remplacer les affûts en bois par des affûts en fer, tant pour le matériel de siége et de place que pour celui de campagne.

L'affût, l'avant-train, les coffres, sont en fer. Ils sont faits sur le même dessin que le nouveau matériel.

Selon l'auteur, on obtiendrait, par cette substitution, les avantages suivants :

La simplification du système, facilité de construction et de réparations.

Avantages pour l'exécution du tir, l'embarquement et l'emmagasinement, durée plus grande et économie.

Il propose aussi d'adopter des leviers en fer. La prolonge en fer substituée à la prolonge ordinaire a déjà été essayée avec avantage. On a objecté à ces nouveaux affûts que les boulets ennemis, en frappant sur le fer, éclatent et font l'effet de la mitraille pour les servants. Mais ce reproche est-il fondé ? On voit dans l'Histoire de l'artillerie, par le capitaine Moritz Meyer, qu'on fabriqua en 1697 une quantité d'affûts en fer avec des roues en bois, pour les pièces de campagne. (*Voyez page 29 de ce Précis.*)

Enfin, l'auteur cité plus haut, reprend la question si souvent agitée de pièces en fer coulé, et émet les raisons les plus judicieuses pour faire adopter pour le fondage des bouches à feu en fer un autre procédé, qui consiste surtout à mettre pour le fondage la tulipe en bas et la culasse en haut; la masselotte est alors le prolongement de la culasse; et la figure du moule est un cône recouvert et posant sur son sommet.

Artillerie de montagne.

Dans un des derniers numéros du *Journal des armes spéciales*, le colonel d'artillerie Tardy de Mont-Ravel présente des moyens très-ingénieux pour transporter les bouches à feu dans les sentiers des montagnes. Son système repose sur la disposition suivante, qu'il désigne ainsi : « Arrêté dès le début par le peu de largeur de routes, j'ai rejeté le corps de voiture en ne conservant que les roues; les tourillons légèrement modifiés me servent d'essieu. »

Chaque tourillon de la pièce est percé à son extrémité et taraudé pour recevoir une tige en fer ; celle-ci est terminée à son extrémité extérieure par une large rondelle fixe servant d'esse, ce qui fait gagner au moins 6 pouces sur la largeur du système.

D'après l'auteur, une partie des canons destinée aux places des montagnes devrait être ainsi préparée à l'avance ; on introduit ensuite dans l'ame une pièce de bois ou fausse flèche, portant une traverse et à son extrémité une lunette. Autour de la traverse est placé un cordage dont les deux extrémités viennent s'attacher aux deux anses de la pièce. Ainsi disposée, elle peut facilement être mise en mouvement.

Quelques passages seulement nécessiteront l'emploi exclusif des canonniers; les routes étant en général praticables pour des mulets

attelés en file, on fait usage d'un avant-train
à limonière, avec un crochet cheville-ou-
vrière destiné à recevoir la lunette de la
flèche.

Inventions diverses.

A la page 409 du Manuel , on trouvera
quelques détails sur les fusées à la Congrève,
les shrapnells, sur les poudres fulminantes,
sur les nouveaux appareils pour communi-
quer le feu au moyen de la percussion. A la
page 470 , on trouvera quelques renseignements sur le fusil de rempart.
Nous nous bornerons à citer ici quelques
expériences faites récemment. En 1823, on
essaya en Autriche, mais sans un grand succès, de tirer à balles dans des mortiers ; à
Woolwich on renversa, en 1824, des murs
à la Carnot avec des obusiers et des carona-
des ; en 1828 , les Russes se servirent avec
avantage , en Perse, de bombes pour battre
en brèche les places fortes. Perkins tira, dans

la même année, un fusil fixé sur le cercle d'une roue ; les balles atteignirent le but, quoique le recul ait fait faire chaque fois plusieurs révolutions à la roue. Ces essais sont consignés dans les ouvrages du capitaine Moritz Meyer et de Smola.

Armes à vapeur.

Le capitaine Joachim Madelaine, dans son livre intitulé *Introduction à l'étude de l'artillerie*, prouve combien il serait peu raisonnable d'espérer d'atteindre, au moyen de la vapeur, les effets produits par la force expansive de la poudre.

M. Perkins fit construire une machine dont le générateur ne contenait que deux pintes d'eau et consommait 76 kilogrammes de houille en six heures. Elle lançait, en une minute, cent cinquante balles par un canon de fusil ordinaire; ces balles étaient projetées contre une plaque de fonte, placée à 18 mètres; les unes par la vapeur à une pression de 5 atmosphères, d'autres par la vapeur dont la pression était de 40 atmosphères. Le but étant resté toujours à la même distance, les balles ont été déformées plus ou moins, suivant la vitesse dont elles étaient animées.

M. le colonel d'artillerie Aubert, voulant s'assurer quelles charges de poudre ordinaire seraient nécessaires pour déformer de la même manière des projectiles de même nature, a fait depuis des épreuves avec un fusil de munition ayant déjà servi. Le but, qui était aussi une plaque en fonte, fut placé à la même distance de 18 mètres.

Les résultats auxquels M. le baron Aubert est parvenu sont indiqués dans le tableau suivant :

Vapeur.		Poudre.
5 atmosphères	»	1/2 gramme.
35 id.	1 »	id.
40 id. un peu plus de 1	1/2	id.

Or, la charge employée pour les fusils

d'infanterie étant de 11 grammes, non compris l'amorce, on peut déjà juger combien doit être plus grande la vitesse imprimée par une quantité de gaz qu'on peut concevoir sept fois plus grande, et resserrée à peu près dans le même espace ; ces gaz pouvant même être regardés comme élevés à une plus haute température, et doués par conséquent d'une plus grande tension. En supposant les gaz à peu près sept fois comprimés et en quantité sept fois plus grande, l'effet produit par la charge ordinaire de 11 grammes répondrait à une pression comprise entre 1960 atmosphères obtenues en multipliant les 40 atmosphères par le carré de 7, et 280 atmosphères, produit simple de 40 par 7. Pour que l'on pût compter sur l'un de ces effets, ou plutôt juger jusqu'à quel point les pressions réelles s'en approchent dans les différents cas, il faudrait pouvoir apprécier les degrés de température, la manière d'agir de la chaleur sur le gaz à de si hautes pressions, et comment le mobile est déplacé ; car plus la charge augmente, plus il y a de probabilité que la balle doit être chassée avant que toute la poudre soit enflammée.

D'après les épreuves déjà faites, la vapeur, avec une tension dite de 40 atmosphères, n'étant susceptible que d'un effet minime, il ne faudrait peut-être pas moins de 6 à 800 atmosphères pour lancer les mêmes balles avec la vitesse de 15 à 1,600 pieds par seconde, et combien en faudrait-il encore plus pour projeter des boulets de 4, 8, 12, 16 et 24 ; mais pour l'exécution, il est des limites fixées par les arts et par la nature des matières dont ils peuvent disposer.

Les expériences faites à Vincennes, en 1829, sont d'accord avec les raisonnements du capitaine Madelaine ; on tira dans un canon à vapeur de M. Perkins des balles de 4 livres de plomb, qui, lancées à une faible distance, n'atteignirent pas la cible..

Au résumé, réduisant à la véritable expression les hautes vertus attribuées à ces nouvelles armes, nous dirons 1° que la pression la plus grande à laquelle on puisse pratiquement élever la vapeur, ne saurait, dans l'état actuel des arts, dépasser 40, 60, 100, et, si l'on veut, même 150 atmosphères ; 2° qu'avec une telle pression, on ne pourra lancer que les plus petits projectiles, tels que des balles ; 3° qu'indépendamment des dangers que présenterait le service de ces armes, l'effet des projectiles ne pourrait pas, à la faible distance de 80 à 160 mètres, être comparé à celui que l'on obtient avec le simple fusil d'infanterie.

Nouveaux fusils d'infanterie.

Nous ne parlerons pas des fusils *Robert* et *Lefaucheux*, se chargeant par la culasse et dont la description se trouve dans presque tous les journaux militaires ; mais nous ferons mention du fusil proposé par le major danois de Nissen. « L'invention, dit l'auteur, repose sur la nécessité d'avoir deux armes de différentes longueurs ; c'est-à dire qu'en colonne d'attaque contre la cavalerie, plus la baïonnette sera longue et mieux elle vaudra, tandis que pour le combat de tirailleurs l'arme ne pourrait, sans inconvénient, être plus longue qu'elle ne l'est aujourd'hui. »

Le changement consiste à réunir la baïonnette à la baguette, qui ne forment alors plus qu'une seule pièce ; lorsque la baguette est enfoncée jusqu'au fond de son dernier entonnoir, la baïonnette ne dépasse le canon que de la longueur ordinaire ; mais si l'on attaque une colonne, on peut, par un mouvement simple, pousser la baguette en avant, de sorte que la baïonnette se trouve allongée de trois pieds environ ; deux ressorts, l'un à l'embouchoire, l'autre près de la sous-garde, la maintiennent solidement ; il y a, en outre, à l'embouchoire deux grandes sous-bandes en fer qui, soudées au canon, retiennent la baïonnette.

On voit que cette amélioration pourrait être adaptée au fusil d'infanterie ordinaire sans changer le reste de sa construction.

Le fusil fabriqué en Danemark d'après les modifications énoncées ci-dessus, ne pesait qu'une demi-livre de plus que le fusil ordinaire de munition.

Améliorations à introduire dans l'artillerie.

Quoique les plus grands géomètres se soient occupés du problème balistique, il serait pourtant à désirer, pour la partie théorique de l'arme, qu'on s'occupât d'un moyen facile et exact de calculer la vitesse initiale, c'est-à-dire d'un moyen plus simple que le pendule balistique et plus exact que la machine inventée par le colonel Grobert (1).

(1) Le principe de la machine du colonel Grobert, inventée au commencement de ce siècle, consiste à monter, sur un axe de rotation horizontal de 3;m50 de long environ, deux disques perpendiculaires ; ce système est mû par un poids suspendu par une corde qui met un treuil en mouvement; ce treuil porte une roue garnie d'une chaîne sans fin, qui s'enroule dans une poulie portée par l'axe de rotation. Losque le système a pris un mouvement uniforme, on établit l'arme horizontalement et parallèlement à l'axe de rotation, à peu de distance du premier disque, et de façon que sa direction soit distante de 1 m00 de la ligne qui passe par les centres des disques. Il est évident que les deux trous faits par le projectile dans les deux disques ne seront pas dans une ligne parallèle à l'axe ; mais si, par chaque trou ou point et par la

Les belles expériences de Hutton ont besoin d'être refaites en grand, avec cet esprit de clarté qui distingue les mathématiciens français. Il serait aussi à désirer qu'on fît des essais définitifs sur l'angle de réflexion, ceux de Sharnhost n'étant point satisfaisants.

Les effets produits par les différentes qualités de la poudre méritent d'être encore mieux étudiés.

Un des plus grands avantages à obtenir pour le matériel serait de pouvoir se servir de pièces en fer, ou d'améliorer l'alliage des bouches à feu, afin d'en augmenter la durée. Alléger les bouches à feu, et, par une disposition mécanique, diminuer le recul, serait encore une grande amélioration.

Pour le matériel fédéral, le changement à introduire est d'ajouter à l'avant-train une petite sassoire comme celle qui existe aux

ligne des centres des disques, on fait passer un plan, ces deux plans feront un angle qui mesurera l'arc décrit par un point des disques, pendant le temps que le mobile parcourra l'intervalle des deux trous, et comme le mouvement de rotation des disques est uniforme et connu par l'observation, on en déduit facilement le temps relatif à un arc connu.

avant-trains piémontais et suédois, afin que les chevaux n'aient plus un poids de 50 livres environ à porter sur le garrot.

L'essor que prennent les sciences et les arts fait espérer que l'arme de l'artillerie fera encore de rapides progrès ; les travaux des hommes distingués que ce corps renferme dans tous les pays tendent à amener des améliorations heureuses ; je dis heureuses, parce qu'il est prouvé que plus les moyens de destruction se perfectionnent, moins les guerres sont meurtrières, et même si ces moyens pouvaient atteindre un degré que notre imagination seule peut nous faire entrevoir, les hommes, malgré leurs passions, seraient obligés de rester en paix, et l'humanité serait satisfaite, puisqu'il y a des hommes pour lesquels la vie est le plus grand des biens !

FIN.